Klaus G. Förg

LANZAROTE

Klaus G. Förg

LANZAROTE

Die eigenwillige Vulkanschönheit

Texte von Eberhard Fohrer

rosenheimer

Wald, Mediterrane Vegetation
Weinanbau
5 km
La Graciosa
Caleta del Sebo
El Río
El Risco de Famara
479
Batería
Orzola
Playa del Risco
Ye
Las Rositas
609
Monte Corona
Malpaís de la Corona
Cueva de los Verdes
Jameos del Agua
Haría
Arrieta
Playa de Famara
La Isleta
La Caleta
Famara
Playa de Teneza
Los Valles
Mala
Tinajo
El Jable
Tiagua
Teguise
445
Guatiza
Montaña de Guanapay
Mancha Blanca
Nazaret
Nationalpark Timanfaya
Pico del Timanfaya
510
Montañas del Fuego de Timanfaya
Tahiche
El Golfo
San Bartolomé
Costa Teguise
Los Hervideros
La Geria
Uga
Yaiza
Tías
ARRECIFE
Atalaya de Femés
609
Femés
Puerto del Calero
Puerto del Carmen
Los Ajaches
Playa Blanca
Punta del Papagayo

INHALT

EIN PARADIES ZWISCHEN PALMEN UND VULKANEN

»Die Inseln werden ›Die Glücklichen‹ genannt. Es regnet dort selten, aber die Winde, die sanft sind und Tau mit sich bringen, bewirken, dass die Erde weich und fruchtbar ist. Es herrscht eine reine Luft, durch die die Jahreszeiten ohne großen Wechsel ineinander übergehen ...«

So beschreibt der Grieche Plutarch bereits im ersten Jahrhundert nach Christus die geheimnisumwitterte Inselgruppe der Kanaren im Atlantik und ihr einzigartiges Klima des »ewigen Frühlings« – es wird verursacht durch stetig aus Nordost wehende Passatwinde, die die Saharahitze abhalten, und den ausgleichend wirkenden Kanarenstrom, einen Ableger des Golfstroms. Während die westlichen Kanaren jedoch regenreich sind und sich üppiger Vegetation erfreuen, streichen die Passatwinde über die weitgehend flachen Ostkanaren, nämlich Lanzarote und Fuerteventura, hinweg, ohne ihre Feuchtigkeit abzugeben. Lanzarote ist deshalb weitgehend wüstenhaft karg und besitzt so gut wie kein Grundwasser. Zisternen waren früher die einzige Möglichkeit, das spärlich vom Himmel tröpfelnde Nass aufzufangen. Heute gibt es bei der Hauptstadt Arrecife eine große Meerwasser-Entsalzungsanlage.

Mit ihrer kleinen Nachbarinsel La Graciosa ist Lanzarote das nordöstlichste Glied der Inselgruppe, die vor Millionen Jahren durch vulkanische Eruptionen entstand. Seit dem 13. Jahrhundert betraten hier europäische Abenteurer, Eroberer und Kaufleute den trockenen Boden und trafen auf die altkanarische Bevölkerung. Wahrscheinlich waren es Berber aus dem nahen Afrika, die von den neuen Einwanderern im Laufe weniger Jahrhunderte weitgehend versklavt und ausgerottet wurden, so dass nur wenige Relikte ihrer Kultur erhalten blieben. Stattdessen brachten die Eindringlinge die maurisch-andalusische Zivilisation vom Festland mit, die sich beispielsweise in der Architektur der Adelshäuser niederschlug, während die schlichten Wohnbauten der Insulaner bis heute weiße Würfelhäuser im afrikanischen Stil sind. Charakteristisch hierfür sind die verschiedenen Bautypen in der ehemaligen Inselhauptstadt Teguise, die als einer der besterhaltenen alten Siedlungskerne auf den Kanarischen Inseln gilt. Im Temperament der Lazaroteños vermischt sich dagegen die spanisch-katholische Religiosität mit südamerikanischer Lebensfreude. Denn die Beziehungen zum Kontinent jenseits des Atlantiks sind seit den Entdeckungsfahrten von Kolumbus, der viele Canarios an Bord nahm, und wegen der späteren armutsbedingten Auswanderungsströme stets sehr eng geblieben.

Doch das Eigentümlichste an Lanzarote ist zweifellos seine Landschaft, denn weite Teile haben ihre entscheidende Ausformung durch Vulkanausbrüche erhalten. Mehr als dreihundert Krater prägen das Gesicht der Insel und kumulieren in den »Feuerbergen« des heutigen Nationalparks Timanfaya, die im 18. Jahrhundert aus jahrelangen heftigen Magmaeruptionen entstanden sind und in allen Erdfarben von Rostrot bis Tiefschwarz schillern. Fast ein Viertel der Insel verschwand in den Jahren von 1730 bis 1736 unter glutflüssiger Lava und Aschefeldern. Urweltlich kahl und einer Mondlandschaft ähnlich präsentiert sich dort heute eine faszinierende Öde aus bizarr ausgehöhlten Kraterflanken, flechtenüberzogenen Lavameeren, Lapilli (lockere Auswurfmasse eines Vulkans) und ascheübersäten Hängen, erstarrten Schlacken, unterirdischen Grotten und ausgedehnten Höhlensystemen. Wie gemalt leuchten daraus schneeweiße Fincas hervor, wiegen sich vereinzelte Palmen im Wind, trotten Karawanen von Dromedaren über die Hänge. Aber auch in den von den Vulkanaus-

← *Die 465 Meter hohe Caldera Colorada ist einer der vielen Vulkanberge Lanzarotes.*

brüchen verschont gebliebenen Inselteilen gibt es keine Wälder und nur wenige Bäume. Stattdessen gedeihen allerorts in der steppenhaft-steinigen »Wüste« leuchtend grüne Euphorbien aus der Familie der Wolfsmilchgewächse und farbenprächtige, Wasser speichernde Fettgewächse namens »Sukkulenten«. Lediglich im niederschlagsreicheren Norden hat sich mit dem »Tal der Tausend Palmen« eine fruchtbare Oase entwickeln können. Doch die Lanzaroteños haben das Beste aus ihrer schwierigen Insel gemacht: Die weiß gekalkten Orte liegen in den sonnendurchglühten Vulkanlandschaften, fast künstlerisch wirken die mit schwarzem Lavaauswurf bedeckten Felder, liebevoll gepflegt zeigen sich die vielen bunt bepflanzten Straßenränder, üppige Kakteen, bunte Blumen, Palmen und Drachenbäume zieren Orte und Ferienanlagen, überall lugen rote Geranien vor den weißen Mauern hervor.

Die Vulkankatastrophe des 18. Jahrhunderts brachte für die bescheidene Inselwirtschaft eine grundlegende Zäsur. Damals entwickelten die Lanzaroteños das geniale Prinzip des »Enarenado« (Trockenfeldbau), das sie bis heute auf der ganzen Insel anwenden: Sie bestreuen die Felder mit einer Schicht aus schwarzem Lavagranulat, »Picón« genannt. Tagsüber schützt dieser den Boden vor der sengenden Hitze, nimmt aber nachts die Feuchtigkeit in Bodennähe auf und gibt sie wegen seiner hauchfeinen Kapillargefäße erst im Laufe des nächsten Tages nach und nach ins Erdreich ab. Diese kontrollierte Bewässerung ist vor allem für den Weinbau ideal, denn die Rebstöcke sind auf konstante Wasserzufuhr angewiesen – das vollständig mit schwarzer vulkanischer Lockermasse bedeckte Weinbaugebiet La Geria ist eine der großen Sehenswürdigkeiten der Vulkaninsel: Im wahrsten Sinn »aus Asche geboren« sind die Weine, die Generationen von Bauern der verwüsteten Region abtrotzten.

Anders als auf Teneriffa und Gran Canaria setzte der Tourismus verspätet ein. Erst Anfang der 1970er Jahre wurde die bescheidene, aber höchst ungewöhnliche Insel mit den prächtigen Sandstränden am Rand des kanarischen Archipels von Investoren entdeckt. Seitdem hat regelrecht ein Boom eingesetzt, der die wasserlose, stets von Armut geprägte und durch Piraten, Sklavenhändler und Dürreperioden bedrohte Insel in die Reihe der internationalen Ferienparadiese katapultierte. Etwa 1,8 Millionen Besucher fliegen jährlich ein.

Die Einzigartigkeit Lanzarotes ist natürlich mittlerweile erkannt, und ein Großteil der Insel steht unter Naturschutz. Große Verdienste um ihre Gestalt und Entwicklung hatte sich aber bereits seit den 1970er Jahren der aus Arrecife stammende Künstler César Manrique erworben. Frühzeitig erkannte er die Möglichkeiten, die einzigartige Natur und künstlerisches Schaffen miteinander zu verknüpfen. Unter seiner Ägide entstanden originelle Natur-Kunstwerke, die Lanzarote weltweit bekannt machten. Gleichzeitig versuchte er, die Architektur in den neu entstehenden Ferienorten der traditionellen Bauweise anzugleichen und Bausünden durch Baustopps zu verhindern – Hochhauszeilen wie auf Gran Canaria gibt es deshalb auf Lanzarote nicht, auch überdimensionale Reklametafeln sind verboten. Stattdessen zeigen die weißen Kubenhäuser mit ihren vorwiegend grün gestrichenen Türen und Fenstern noch vielerorts ein traditionell einheitliches Bild.

Manrique starb 1992 bei einem Autounfall, und seitdem ist wieder ein neuer Bauboom ausgebrochen, der mancherorts das Gesicht der Insel verändert. So vor allem an der früher menschenleeren Südküste um die Playa Blanca, die allmählich mit luxuriösen Hotelpalästen zugebaut wird. Die wunderbaren Strände Lanzarotes – mehrere kilometerlange Sandstrände liegen beim Touristenort Puerto del Carmen, im Süden reihen sich wie Perlen einer Kette die einzigartigen Papagayo-Strände aneinander, im Norden lockt die wilde Bucht von Famara – bieten beste Voraussetzungen für den Massentourismus. Trotzdem wurde Lanzarote, auch mit Verweis auf die Bemühungen César Manriques, 1994 von der UNESCO zum »Weltschutzgebiet der Biosphäre« ernannt. Gemeint ist damit ein Lebensraum, in dem Mensch und Natur noch in Harmonie miteinander leben und die »Voraussetzungen für eine behutsame Weiterentwicklung in besonderem Maß« gegeben sind. Lanzarote steht dabei beispielhaft für die atlantische Inselwelt vulkanischen Ursprungs. Es bleibt abzuwarten, ob die Bedingungen für diese Auszeichnung wirklich bewahrt bleiben, wenn der Tourismus immer weiter in alle Ecken der Insel getragen und der Naturschutz dem Profitdenken untergeordnet wird.

Nach der Besichtigung des Museo Agrícola El Patio kann man sich im kühlen Schatten ausruhen.

Vom Örtchen Nazaret bei Teguise hat man einen prächtigen ➜ Blick über die Inselmitte bis zur Hauptstadt Arrecife.

Im Casa-Museo del Campesino werden alte Handwerkstraditionen Lanzarotes gepflegt.

Der pittoreske Eingangsbereich des Casa-Museo del Campesino, mit meterhohem Kamin und sparsam mit Pflanzen dekoriert.

ARRECIFE UND PUERTO DEL CARMEN

An der Afrika zugewandten Küste Lanzarotes liegen die zwei größten Inselorte, die unterschiedlicher kaum sein könnten: die quirlige Hauptstadt Arrecife mit ihrer ausgeprägt städtischen Atmosphäre, und – südwestlich davon – die schier endlos scheinende Urlaubsagglomeration Puerto del Carmen, die sich im Umkreis dreier prächtiger Strände gut acht Kilometer an der Küste entlangzieht. Zwischen den beiden ungleichen Urbanisationen verläuft die einzige »Autobahn« Lanzarotes mit zwei Fahrstreifen in jede Richtung und stets heftigem Verkehr. An der Küste davor liegt der ebenso stark frequentierte und vor einigen Jahren deutlich vergrößerte Flughafen. Dieses Ballungszentrum steht im starken Kontrast zur übrigen, weitgehend ländlich ruhig gebliebenen Insel.

In der Inselhauptstadt Arrecife leben heute fast schon 50 000 Lanzaroteños. Und da die Landflucht auf der dünn besiedelten Insel anhält, werden es immer mehr. Seine unspektakuläre Vergangenheit kann das Städtchen bis heute nicht verleugnen, denn noch vor 250 Jahren gab es hier lediglich eine schlichte Hafenanlage für die damalige, im Inselinneren gelegene Hauptstadt Teguise sowie das auf den schwarzen Lavaklippen (Arrecife = Felsenriff) vorgelagerte kleine Castillo de San Gabriel, das vor den Piratenangriffen schützen sollte. Doch erst als im 19. Jahrhundert der Handel mit Soda und Cochenille zu boomen begann, wurde der Hafen ausgebaut, und Arrecife entwickelte sich zum Kleinstädtchen. Die rasante touristische Entwicklung Lanzarotes ließ dann die Stadt zur heutigen Größe anwachsen, wobei man leider den Fehler machte, historische Siedlungsstrukturen dem »Fortschritt« zu opfern. Vieles wurde abgerissen, und nur wenige der alten Stadthäuser sowie das Kastell San Gabriel blieben erhalten. So zeigt sich Arrecife etwas gesichtslos, mit stereotypen Bauten im Stadtzentrum, vielen engen Gassen und bescheidenen Wohnsiedlungen, die immer weiter in die Umgebung wuchern.

Ein glückliches Händchen hatten die Stadtväter dennoch. Denn zum einen gibt es eine lange, mit Palmen, Bougainvillea und andern subtropischen Gewächsen hübsch bepflanzte Uferpromenade – und im rechten Winkel dazu eine sympathische, erst vor wenigen Jahren eingerichtete Fußgängerzone, die zum entspannten Einkaufsbummel einlädt. Der entscheidende Vorteil jedoch, den Arrecife für Besucher in die Waagschale werfen kann, ist seine noch ganz von Einheimischen bestimmte Atmosphäre. Während Puerto del Carmen von der touristischen Internationale überrollt wird, geht hier alles seinen unverkennbar kanarischen Gang – temperamentvoll und laut, manchmal auch ein wenig chaotisch, aber immer im wiegenden Sambaschritt, stets bescheiden und nie aufdringlich.

Die Sehenswürdigkeiten sind rasch aufgezählt: Da ist zunächst das kleine Castillo de San Gabriel, das bilderbuchreif auf einer Insel vor der Uferpromenade steht. Zwei Dämme – einer für Fußgänger, der andere für Autos – führen hinüber. Im Inneren ist ein vor kurzem vollständig restauriertes Archäologisches Museum eingerichtet, wo man Felszeichnungen, Keramik und andere Relikte der vorspanischen Altkanarier betrachten kann. Ein zweites Kastell, das Castillo de San José, thront östlich außerhalb des Zentrums oberhalb vom heutigen Hafen. César Manrique ließ es restaurieren und zu einem Museum der modernen Kunst umbauen. Ebenfalls darin untergebracht ist das elegante Restaurant »El Castillo« mit herrlichem Ausblick durch raumhohe Panoramafenster. An der Promenade gegenüber dem Kastell San Gabriel kann man die historische Casa de los Arroyo aus dem 18. Jahrhundert

← *Die Windmühle im Museo Agrícola El Patio und leuchtend violette Bougainvilleen.*

besichtigen, heute Sitz eines Forschungsinstituts zu Ehren des lanzarotenischen Physiker Blas Cabrera Felipe (1878–1945). Im Innenhof ist ein gediegenes hölzernes Treppenhaus mit Empore erhalten. Im kleinen »Museo de Ciencia y Técnica« werden Induktion und Magnetismus erläutert. Im Obergeschoss liegen zwei altertümliche Bibliotheksräume mit Erinnerungsstücken an Blas Cabrera. Die schlichte Pfarrkirche San Ginés aus dem frühen 19. Jahrhundert steht ein Stück landeinwärts der Promenade an einer ruhigen kleinen Plaza mit Lorbeerbäumen und Palmen. Benannt ist sie nach dem französischen Schutzheiligen San Ginés de Arles, dessen Verehrung bis zur Eroberung der Insel unter Jean de Béthencourt Anfang des 15. Jahrhunderts zurückreicht. Nur wenige Schritte sind es von der Kirche zur Lagune Charco de San Ginés, die wie ein See mitten in der Stadt liegt. Ein beschaulicher Ort, wie geschaffen zum Bummeln oder für eine Viertelstunde der Ruhe. Am Westende der Promenade ragt der fünfzehn Stockwerke hohe Klotz des Grand Hotels empor. Für César Manrique war seine seelenlose »Schuhschachtel«-Architektur stets ein Ärgernis, doch heute ist das auffallendste und höchste Bauwerk der Insel fast schon eine Art Wahrzeichen geworden. Nach einem Brand in den 1990er Jahren wurde es vor kurzem als Fünf-Sterne-Hotel neu eröffnet und bietet herrliche Ausblicke auf Stadt und Meer. Gleich daneben liegt die Playa del Reducto, der mit Palmen verziehrte, überraschend hübsche und stets saubere Stadtstrand, der für einen schönen Ausklang der Stadtbesichtigung sorgt.

Puerto del Carmen liegt nur wenig mehr als zehn Kilometer entfernt und ist ganz anders. Noch vor vierzig Jahren wurde die nahezu menschenleere Region La Tiñosa (»die Schäbige«) genannt: ein paar Hütten, ausgedehnte Salinen für die Salzgewinnung, triste Tomatenfelder und eine kleine Hafenbucht, wo die Familien im Juli, wenn die Männer von der See zurückkamen, das Fest der »Nuestra Señora del Carmen« feierten. Doch Anfang der 1970er Jahre änderte sich alles: Die Tourismusmanager hatten die phantastischen Bademöglichkeiten entdeckt. Die bis zu mehrere hundert Meter breiten Strände mit insgesamt fünf Kilometern reinstem Sand – so etwas gab es auf der ganzen Insel nicht mehr, noch dazu relativ windgeschützt. Eine Uferstraße wurde entlang der Strände gezogen und innerhalb weniger Jahre mit Apartmentanlagen und Komforthotels zugebaut. Glücklichweise wirkte damals schon César Manrique auf Lanzarote – ihm ist es zu verdanken, dass nicht wie an der spanischen Mittelmeerküste in die Höhe, sondern in die Länge gebaut wurde. Puerto del Carmen wuchs und wuchs, aber kaum ein Bau ragt über vier Stockwerke hinaus. So wirkt die gewaltige Ansammlung bis heute nicht erdrückend oder unpersönlich. Mittlerweile scheint die Expansion beendet, mehr als 30 000 Betten gibt es nun. Im Osten setzt der Airport einen abrupten Schlusspunkt, im Westen wäre jenseits vom Fischerhafen zwar noch Luft bis zum modernen Jachthafen Puerto del Calero – doch waren die Inselpolitiker bislang weise genug, das kleine Stück unverbauter Küste zu erhalten, das man wunderbar für Spaziergänge nutzen kann.

In Puerto del Carmen herrscht das ganze Jahr über Saison, entlang der Strandstraße Avenida de las Playas flaniert ein vielsprachiges Publikum aus ganz Europa. Restaurants, Supermärkte, Boutiquen, Banken, Immobilienbüros, Spielsalons, Cafés und Bars ballen sich in dichter Abfolge. Doch an der weitgehend unbebauten Strandseite verläuft eine durchaus attraktive Flanierzone mit Palmen, Kakteen, bunten Sukkulenten und Geranien, wo man den Blick auf Meer, Strand und den Bergzug Los Ajaches im Süden Lanzarotes genießen kann.

Schwierig ist es, in Puerto del Carmen kanarisches Flair zu finden. Dafür muss man die Strandstraße Richtung Westen verlassen und den alten Ortskern besuchen. Hier leben noch viele Einheimische, und der Fischerhafen El Varadero ist ein hübscher Fleck, wenn er auch in den letzten Jahren mit stereotyp wirkenden Großrestaurants bebaut wurde. Doch auf der zentral gelegenen Bola-Bahn (bei uns als Boccia bekannt) zeigt nach wie vor die einheimische Männerwelt stolz ihr Können. Auf der spiegelglatten Tanzfläche im Hafen treffen sich abends die Canarios zu ihren großen Festen – z.B. in der langen Karnevalszeit, die über den Aschermittwoch deutlich hinausgeht – und feiern nächtelang mit Tanz und Musik.

Es wird Nacht am Charco de San Ginés. →

Blick vom Grand Hotel in Arrecife auf die Stadt und die dahinter liegende Vulkanlanschaft

Auf den Klippen vor der Promenade steht das kleine Castillo de San Gabriel aus dem 16. Jahrhundert.

Arrecife gehört noch ganz den Einheimischen, die sich gerne zum Dominospiel treffen.

Die Puente de las Bolas (Kugelbrücke) führt hinüber zum Kastell von Arrecife.

Die vielleicht schönste Ecke im Urlaubsort Puerto del Carmen ist der alte Fischerhafen. ➜

Shopping im neuen Einkaufszentrum »Biosfera Plaza« im alten Ortskern von Puerto del Carmen.

An den Stränden von Puerto del Carmen gibt es zahlreiche Freizeit- und Sportmöglichkeiten. ➜

5

TEGUISE UND DIE INSELMITTE

Die Inselmitte zeichnet sich durch zahlreiche Hügel vulkanischen Ursprungs aus, die schräg abfallende Hochebene um die alte Inselhauptstadt Teguise und das Sandsteppengebiet El Jable. Landschaftliche Highlights sind die grandiose Bucht von Famara im Norden, das weltberühmte Vulkangebiet der »Feuerberge« (siehe Kapitel »Nationalpark Timanfaya«) und das faszinierende Weinbaugebiet La Geria. Wenn man von Arrecife nach Teguise fährt, passiert man zunächst Tahiche. Hier liegt linker Hand inmitten schwarzer Lavaflächen das ehemalige Wohnhaus César Manriques, heute als Fundación César Manrique eine der größten Sehenswürdigkeiten Lanzarotes. Manrique hat hier demonstriert, was in der angeblich so lebensfeindlichen Lavawüste alles möglich ist. Er baute sein Haus und Atelier über einer Reihe von Hohlräumen (Blasen) in der Lava. Vorbild waren die in den Boden versenkten »casas hondas« der vorspanischen Bewohner. Von den sonnendurchfluteten oberirdischen Räumen, die als Galerie eingerichtet sind, steigt man hinunter in die weiß gekalkten und effektvoll möblierten Rundräume und Lichthöfe aus Lava, deren Mittelpunkt ein stimmungsvoller Pool bildet.

Kurz vor Teguise kann man einen Abstecher nach Oasis de Nazaret ins ungewöhnliche Restaurant »LagOmar« machen. Ein deutscher Architekt hat das Anwesen, das sich um einen künstlichen See gruppiert, höchst dekorativ gestaltet. Sonntags wird hier regelmäßig Live Jazz geboten, und vom Vorplatz genießt man einen herrlichen Blick auf Arrecife.

← *Das Castillo de Santa Barbara thront über der alten Inselhauptstadt Teguise und diente bei Piratenüberfällen als Fluchtburg.*

←← *Die lange Strandzone ist das große Kapital des Badeorts Puerto del Carmen.*

Das historische Inselzentrum Teguise wurde im 15. Jahrhundert aus Furcht vor Piraten etwa zwölf Kilometer landeinwärts vom heutigen Arrecife erbaut. Mit seinem stilvollen Hauptplatz, den Kirchen, Klöstern und historischen Bauensembles zeigt es sich als wahre Bilderbuchstadt des spanischen Kolonialismus. Überragt wird Teguise von der Montaña de Guanapay, auf der das weithin sichtbare Castillo de Santa Barbara thront. Von dort konnte man etwaige Feinde schon auf viele Kilometer sehen. Trotzdem kam es immer wieder zu blutigen Piratenüberfällen, nicht zuletzt wegen der Raubzüge der Herren von Teguise, die Tausende von afrikanischen Berbern in die Sklaverei verschleppt hatten. Die Callejón de Sangre (Blutgasse) hinter der Pfarrkirche erinnert an diese Tragödien.

Teguise ist unter der Woche ein stiller, manchmal fast meditativ anmutender Ort, in dem sich trefflich das Flair vergangener Epochen einfangen lässt. In den alten Bürgerhäusern um die beiden zentralen Plätze sind stilvolle Restaurants und Kunsthandwerksläden eingerichtet, die häufig auch von ausländischen »Residenten« geführt werden. Besichtigen kann man am zentralen Platz die große Kirche Nuestra Señora del Guadalupe und den Palacio Spinola, ein gut erhaltenes Herrschaftshaus des 18. Jahrhunderts. Der nahe Convento de San Francisco besitzt eine Sammlung religiöser Artefakte, während der Convento de Santo Domingo wechselnde Kunstaustellungen zeigt. Neben der Kirche Vera Cruz stellt schließlich Simón Morales Estebán seit Jahrzehnten »Timples« her, die traditionellen gitarreähnlichen Saiteninstrumente der Canarios.

So ruhig die Woche verläuft, so turbulent ist der Sonntagvormittag in Teguise. Dann findet ein riesiger folkloristischer Markt statt, dessen Stände die gesamte Altstadt einnehmen. Er ist eins der größten Ereignisse Lanzarotes, und die Besucher kommen zu Tausenden von der ganzen Insel. Zu haben ist von afrikanischen Ebenholzfiguren bis zu gefälschten Markenartikeln so ziemlich alles, allerdings zu beachtlichen Preisen.

Von Teguise kann man das Auto in wenigen Minuten durch die wüstenhaft zum Meer abfallende Sandregion El Jable zur imposanten Bucht von Famara rollen lassen. Das abrupt ansteigende Gebirge Risco de Famara bietet hier ein gewaltiges Hintergrundpanorama für einen kilometerlangen Sandstrand, der allerdings eher für robuste Naturen geeignet ist. Denn wegen der exponierten Nordlage ist das Meer oft rau und windgepeitscht. Das Örtchen La Caleta de Famara wurde hier quasi in den Sand gesetzt und besteht – bis auf den Uferkai und die Durchgangsstraße – nur aus Sandpisten.

Eine andere Route führt von Arrecife in das große Dorf San Bartolomé mit seinem schönen historischen Hauptplatz. Etwa zwei Kilometer nördlich steht ein 15 Meter hohes, auffallendes Denkmal. Dieser »Monumento Fecundidad al Campesino Lanzaroteño« ist der Arbeit der Bauern Lanzarotes gewidmet. Weiß lackierte Wassertanks ehemaliger Fischerboote türmen sich zu einer Art aufrecht stehenden Figur: Ein Bauer mit Hund und den traditionellen Arbeitstieren Esel und Dromedar. César Manrique hat das merkwürdige Monument Ende der 1960er Jahre entworfen. Durch die Verwendung der Tanks wollte er auf die Bedeutung des Wassers für die trockene Insel Lanzarote hinweisen. Das benachbarte Landgut wurde ebenfalls von Manrique restauriert und zu einer Art Museumsdorf umgestaltet, dem Casa-Museo del Campesino. Der Eingangsbereich zeigt einen weiß gekalkten Patio mit sieben Meter hohem Kamin in seiner für Lanzarote typischen, minarettähnlichen Form. Rechter Hand gelangt man durch einen unterirdischen Restaurantbereich, in dem typische Gerichte zu fairen Preisen angeboten werden, zu einem Komplex, wo den Besuchern das traditionelle Hand- und Kunsthandwerk Lanzarotes vorgeführt wird: Keramik- und Lederbearbeitung, Korbflechterei, Rosettenstickerei und Arbeiten am Webstuhl.

Wenn man von dem Denkmal weiter nach Norden fährt, kommt man nach Tiagua mit dem liebevoll aufgemachten »Museo Agrícola El Patio«. Eines der größten Landgüter der Insel wurde hier zu einem Landwirtschaftsmuseum umgestaltet. Man sieht die ehemaligen Wohnräume, besichtigt eine Fotogalerie, verschiedene Getreidemühlen und Landwirtschaftsgeräte und kann in einer großen Windmühle bis zum Mahlwerk hinaufsteigen. Zu guter Letzt folgt ein kleiner Umtrunk in der stilechten »Bodega« (Weinschenke) des Hauses.

Vom Denkmal für die Bauern Lanzarotes nach Westen führt eine sehr schmale und weniger gut ausgebaute Straße durch die eigenartigste Landschaft der Insel mit dem Namen La Geria (»Trichter«). Es handelt sich dabei um ein etwa 15 Kilometer langes Weinbaugebiet im Auswurfbereich der Vulkane des Timanfaya-Gebiets. Dicke schwarze Lapillischichten bedecken wie eine Haut alle Hügel, und überall ziehen sich Weinstöcke die Hänge hinauf. Für jeden Rebstock haben die lanzarotenischen Weinbauern einen tiefen Trichter in das Picón gegraben, bis seine Wurzeln das darunter liegende Erdreich erreichten. Zum Schutz gegen die austrocknenden Passatwinde wurde in generationenlanger Arbeit um jeden einzelnen Stock eine halbrunde Steinmauer errichtet. Das so entstandene faszinierende Muster hat das New Yorker Metropolitan Museum of Modern Art als herausragendes Monument einer »Ingenieurskunst ohne Ingenieur« ausgezeichnet.

Doch es wird noch spannender: Lanzarote ist bekanntlich so gut wie wasserlos – trotzdem funktioniert der Weinanbau hier bestens. Möglich wird das durch das geniale Prinzip des Trockenfeldbaus, »Enarenado«. Die Bewässerung besorgt dabei das poröse Lavagranulat: In ihm wird nämlich allnächtlich der Tau gespeichert und anschließend wegen der intensiven Kapillarwirkung nur nach und nach an den Boden abgegeben. So bleibt die Erde den ganzen Tag über gut angefeuchtet. Angebaut wird in erster Linie die Malvasía-Traube, die im Mittelalter aus Kreta importiert wurde. Traditionell wurde daraus der Malvasía gewonnen, ein schwerer, goldgelber Tropfen mit hohem Alkoholgehalt, außerdem der süße, sherryähnliche Moscatel. Seit der touristischen Erschließung der Insel werden aber eine Vielzahl leichter Weißweine sowie Rot- und Roséweine produziert. Die Bodegas der Weinproduzenten stehen direkt an der Straße, zum Teil sind sie bereits seit dem 18. Jahrhundert in Familienbesitz, so auch das Weingut »El Grifo«, wo man ein Weinmuseum besichtigen kann.

Die für Lanzarote typische Kaminform erinnert an arabisch-islamische Vorbilder.

Schlanke Kakteen und weiß gekalkte Mauern, dekorativ und schlicht zugleich.

Die Kakteen stammen ursprünglich nicht aus Lanzarote, sondern wurden aus Mittel- und Südamerika importiert.

Die farbige Mosaikwand im Hof der Fundación César Manrique zeigt abstrahiert Landschaft und Menschen Lanzarotes. (S. 36/37)

Der sonnige Swimmingpool bildet den Mittelpunkt des unterirdischen Bereichs der Fundación César Manrique.

Die Initialen CM stehen für César Manrique (1919–1992), den international bedeutendsten Künstler Lanzarotes.

Ein farbenprächtiges Windspiel am Eingang zur Fundación

Die kakteenähnlichen Büsche der Kandelaberwolfsmilch werden häufig als Zierpflanzen verwendet.

In seinem Haus bei Tahiche gestaltete César Manrique unterirdische, nach oben offene Hohlräume in der Lava zu Wohnräumen um.

Durch die offenen Lavablasen streben Feigenbäume, Palmen und Papayas ans Licht.

← *Ein herrlicher Ausblick vom Burgberg auf die historische Inselhauptstadt Teguise*

Auf der Plaza de la Constitución wachen stolze Löwen über den Palacio Spinola.

Der Palacio del Marquer in Teguise stammt aus dem 15. Jahrhundert und ist eines der ältesten Gebäude Lanzarotes.

Señor Simón Morales Estebán fertigt seit Jahrzehnten die berühmten kleinen kanarischen Gitarren.

Teguise liegt in einer weiten Ebene mit bestem Blick in alle Himmelsrichtungen. ➜

Mit den Puppen auf dem Rücken wird ein außergewöhnliches Schauspiel aufgeführt.

Menschengetümmel auf dem großen Sonntagsmarkt von Teguise

Viele Schwarzafrikaner aus Mauretanien und Senegal verdienen sich auf dem Markt von Teguise ihren Lebensunterhalt.

Das eine oder andere nimmt man gerne mit.

Die »Diabletes de Teguise« treiben im Karneval als böse Geister ihr Unwesen, mit Peitschen werden sie vertrieben.

Verkauft wird auf dem Markt von Teguise, was gefällt, darunter viel Kunsthandwerk und Schmuckobjekte.

← *Die grünen Haustüren mit ornamentalem Schmuck sind auf Lanzarote oft zu sehen.*

Die »Casa Omar Sharif« gehörte dem berühmten Filmstar (Dr. Schiwago), bis er sie im Glücksspiel verlor.

← *Das Monumento al Campesino zeigt einen Bauern mit Esel und Dromedar, César Manrique ließ es aus Wassertanks fertigen.*

Der Hof des Casa-Museo del Campesino strahlt eine besondere Ästhetik aus.

Die vorspanischen Bewohner fertigten Keramik ohne Töpferscheibe durch Drehen in Sand.

Eine weitere formschöne Kopie der traditionellen Töpferkunst.

Manche Frauen können die alten Webstühle noch bedienen.

← *Immergrüne Dickblattgewächse aus der Gruppe der Aeonium-Arten werden gerne zur Dekoration verwendet.*

Abstieg in den Untergrund des Casa-Museo del Campesino, dort befindet sich ein empfehlenswertes Restaurant.

Der schöne zentrale Platz von San Bartolomé mit dem Rathaus und der Pfarrkirche.

Der Rathausturm von San Bartolomé.

← Die roten Weihnachtssterne werden gerne als Zierblumen verwendet und kontrastieren wirkungsvoll zur schwarzen Lava.

In der Ebene von San Bartolomé werden Süßkartoffeln geerntet.

Die meisten Häuser auf Lanzarote sind weiß gekalkt und von einigen wenigen Pflanzen umgeben.

Nachwuchs im »Museo Agrícola El Patio«, dort werden auch traditionelle Arbeitstiere wie Dromedar und Esel gehalten.

Zisternen waren früher auf Lanzarote lebensnotwendig, heute gibt es eine große Meerwasserentsalzungsanlage.

Die großen historischen Weinpressen mit ihren nach außen ragenden Pressarmen sieht man auch heute noch auf der Insel.

Die Felder werden mit Lavagranulat bedeckt, das die nächtliche Feuchtigkeit speichert und tagsüber allmählich abgibt. →

Im Weinbaugebiet La Geria bilden die Schutzmauern der Rebstöcke weitflächige Muster in der Vulkanasche.

Ausblick auf die Feuerberge des Nationalparks Timanfaya

An manchen Stellen in den Feuerbergen regt sich pflanzliches Leben.

Meist sind es Weinbauern, die in den einsamen Fincas der Lavafelder von La Geria wohnen.

DER NATIONALPARK TIMANFAYA

Lanzarotes spektakulärste Region erstreckt sich im mittleren Westen der Insel um den 510 Meter hohen Pico del Timanfaya. Sechs Jahre lang, von 1730 bis 1736, wüteten hier gewaltige Vulkanausbrüche, die etwa dreißig Eruptionskegel aufwarfen, die Montañas del Fuego (Feuerberge). Das bis heute größte Lavafeld der Welt entstand, das Melpaís genannt wird (schlechtes Land). Im weiteren Umkreis ging dagegen ein Strom von Asche und Lapilligestein nieder, der wegen seines leichten Gewichts kilometerweit durch die Luft getragen wurde und sich meterdick über die Hügel legte. Eine bizarre, in allen Farben von Tiefschwarz über Violett bis Rostrot schimmernde Wüste aus Vulkankegeln, riesigen Aschefeldern und erstarrter Lava bedeckt seitdem fast ein Viertel der Insel. Der Nachwelt überliefert wurden die schrecklichen Ereignisse, die die Insel von Grund auf veränderten, von Andrés Lorenzo Curbelo, dem Pfarrer von Yaiza.

Die »Feuerberge« wurden 1974 zum Nationalpark erklärt. Man erreicht sie auf gut ausgebauter Straße von Yaiza oder Mancha Blanca und kann die zentrale Region im Rahmen von eindrucksvollen Busrundfahrten auf der Ruta de los Volcanes besichtigen. Anlaufpunkt ist das Besucherzentrum Islote de Hilario. Auf spektakuläre Weise wird hier zunächst vorgeführt, dass es in der Timanfaya-Region noch heute brodelt, denn in etwa vier Kilometern Tiefe lagern nach wie vor Magmareste der Eruptionen vom 18. Jahrhundert. Gase steigen durch Spalten auf und erhitzen die Bodenschichten. Direkt unter der Oberfläche misst man fast 150 Grad Celsius, in sechs Metern Tiefe sind es schon 400 Grad. Für die Demonstration dieser unglaublichen Erdwärme wird trockener Dornlattich in einer Erdspalte platziert. Schon nach wenigen Sekunden geht der Strauch in Feuer auf. In Röhren, die bis zu zehn Meter tief in den Boden reichen, wird Wasser geschüttet. Es verdampft binnen Sekunden – und schießt explosionsartig zischend und fauchend als hohe Dampffontäne aus dem Rohr in die Luft.

Das Restaurant des Besucherzentrums macht sich dieses einzigartige geothermische Phänomen mit einem großen Vulkangrill zunutze: Durch eine brunnenartige Öffnung strömt heiße Luft nach oben und gart das Grillgut.

Auf der Busrundfahrt bekommt man einen guten Überblick über den Nationalpark. Zu sphärischen Klängen schaukelt der Bus auf schmaler Asphaltpiste durch eine wahre Mondlandschaft mit kahlen, ascheübersäten Hängen, scharfkantiger Lava und Kraterlöchern in allen Formen und Größen – die bei der Mondlandung von 1969 eingesetzten Fahrzeuge wurden hier getestet, und auch für manchen Science-Fiction-Film fand sich in den Feuerbergen eine perfekte Kulisse, darunter auch für »Planet der Affen«.

Nach der Fahrt kann man eine lehrreiche Ausstellung über den Vulkanismus auf Lanzarote im Informationszentrum »Centro de Visitantes e Interpretación« an der Straße von Yaiza nach Mancha Blanca besuchen. In einem facettenreichen Film wird dem Interessierten die Vulkaninsel näher gebracht, anschließend darf man sogar ganz hautnah eine simulierte Vulkaneruption erleben. Das größte Vergnügen für alle großen und vor allem die vielen kleinen Besucher ist aber die Dromedarstation Echadero de los Camellos an derselben Straße. Die traditionellen Last- und Transporttiere Lanzarotes schaukeln hier die Besucher in langen Reihen auf einem festgelegten Rundkurs über die Hänge der Feuerberge. Wer sich noch näher mit der Welt der Lava beschäftigen will, kann an geführten Wanderungen durch den Park teilnehmen, die von der Nationalparkbehörde angeboten werden.

← *Kraterlandschaft in den Feuerbergen des Nationalparks*

Die ersten Anzeichen von pflanzlichem Leben in der Lava sind Flechten, hier die auffällige »Ramalina canariensis«.

← Wenn man einen Vulkan, wie hier den Montaña Cuervo, besteigt, erlebt man einen faszinierenden Blick über den Nationalpark Timanfaya.

Diese typische »Stricklava« entsteht, wenn Lava an der Oberfläche bereits erkaltet, darunter aber in abschüssigem Gelände noch weiterfließt. →

Dromedare trotten in langer Reihe zu ihrer »Arbeitsstelle«, wo sie Touristen durch die Feuerberge schaukeln. →→

PLAYA BLANCA UND DER INSELSÜDEN

Südlich des Nationalparks Timanfaya läuft Lanzarote in der kahlen Ebene von Rubicón zur Meerenge hin aus, die das Land von der wüstenhaften Nachbarinsel Fuerteventura trennt. Im Osten steigt jedoch mit den markanten Bergen von Los Ajaches das älteste Gebirge auf. An der Südküste liegt mit Playa Blanca das jüngste der drei Ferienzentren, das sich seit etwa einer Dekade in dynamischer Expansion befindet. Fast die gesamte Südküste wurde mittlerweile mit Hotelpalästen erschlossen. Lediglich die wunderbaren Papagayo-Strände, die am äußersten Südzipfel der Insel in die felsige Küste eingelagert sind, wurden nicht bebaut, denn sie stehen unter Naturschutz. Die einzigartigen Strände, die sich wie an einer Perlenkette reihen, können nur auf einer sehr schlechten Geländestraße oder zu Fuß entlang der Küste erreicht werden.

Playa Blanca ist ein angenehmer Urlaubsort, der dank seiner flachen und geschützten Sandstrände vor allem für Familien geeignet ist. Die Uferpromenade ist hübsch zum Bummeln, ein kleiner Strand liegt sogar mitten im Ort. Zwei Fährlinien bieten täglich mehrmals Überfahrten nach Fuerteventura, so dass Tagesausflüge möglich sind, bei denen man auch die kleine Vulkaninsel Isla de Lobos besuchen kann.

Ganz anders sind die Los-Ajaches-Berge. Hier gibt es tolle Wandermöglichkeiten durch nahezu wilde und menschenleere Landschaften. Abenteuerlustige können sogar die lange Küstenwanderung bis Puerto del Carmen unternehmen. Das weiße Dörfchen Femés liegt in wunderbarer Panoramalage an einem Steilhang, wo man den ganzen Süden Lanzarotes und den Norden von Fuerteventurta überblickt. Die hübsche, von Palmen flankierte Kirche Ermita de San Marcial de Rubicón am Hauptplatz wurde zu der Zeit eingeweiht, als die Vulkanausbrüche im nahen Timanfaya-Gebiet wüteten. In der wenige Schritte entfernten »Casa Emiliano« wird beste traditionelle Inselküche zu erfreulichen Preisen serviert.

Die zwei dörflichen Zentren des Südens sind Uga und Yaiza am Rande des Nationalparks und des Weinbaugebiets La Geria. Beides sind schmucke weiße Dörfer, die zum Meer hin durch Hügel abgeschirmt sind, so dass sich hier eine vielgestaltige Vegetation entwickeln konnte. In Uga werden die Dromedare gezüchtet, die die Besucher durch den Nationalpark tragen. Yaiza wurde bereits mehrfach zum »schönsten Dorf Spaniens« gekürt. Es besitzt eine sehenswerte Kirche und das berühmte Inselrestaurant »La Era«, das César Manrique in einem dreihundert Jahre alten Bauerngehöft eingerichtet hat.

Schließlich findet sich an der Westküste eine besonders faszinierende Ecke der Insel: die urtümliche Landschaft um den Lagunensee Charco de los Clicos bei El Golfo. Ein Vulkan ist hier halb im Meer versunken, und in seinem durch Wind- und Wassererosion bizarr ausgehöhlten Tuffkrater liegt der »Charco«, der mit seiner intensiven smaragdgrünen Farbe, die durch starken Algenbewuchs verursacht wird, einen eindrucksvollen Kontrast zur Koloritvielfalt der umgebenden Kraterhänge bildet. Der schwarze Lavastrand gilt als einer der besten Stellen, um den für Tiefenvulkanismus typischen Halbedelstein Olivin zu finden. Das Dörfchen El Golfo liegt direkt an der schwarzen Klippenküste und ist einer der beliebtesten Orte, um Atlantikfisch zu essen.

An der den Winden vom offenen Meer ausgesetzten Westküste findet sich noch ein weiterer spektakulärer Punkt, nämlich Los Hervideros (»Siedelöcher«). Das anbrandende Wasser wird hier durch Spalten und Höhlungen in den Uferfelsen gepresst und spritzt hohe Fontänen in die Luft.

← Der Hafen von Playa Blanca am südlichsten Punkt Lanzarotes, hier setzt man auf die Nachbarinsel Fuerteventura über.

Bei Los Herrides wird die schäumende Gischt durch Spalten und Schlünde im Fels nach oben gepresst.

← In einem halb im Meer versunkenen Krater erstreckt sich ein schwarzer Lavastrand mit einem smaragdgrünen Lagunensee.

Schwarze Klippen bilden an vielen Stellen die Küstenlinie.

Das Fischerdorf El Golfo duckt sich an die windzersauste Westküste und ist einer der besten Orte, um Fisch zu essen.

Der Pico Redondo bei Playa Blanca im letzten Tageslicht

HARÍA UND DER INSELNORDEN

Der Norden Lanzarotes vereinigt in sich einige der größten Naturschönheiten der Insel. Der 12 Millionen Jahre alte, bis auf 670 Meter ansteigende Bergzug Risco de Famara ist vulkanischen Ursprungs und bildet auf 15 Kilometern Länge die Nordwestküste. Wie die noch älteren Berge von Los Ajaches im Süden war er zunächst eine eigene Insel. Durch vulkanische Eruptionen entstand eine Landbrücke zu den Bergen von Los Ajaches. In einem mächtigen Steilhang bricht der Bergrücken zum Meer hin ab und wird auf halber Höhe von einem spektakulären Wanderpfad begleitet. Das einsame, weitgehend unzugängliche Land ist als Naturschutzgebiet ausgewiesen und Nistgebiet zahlreicher Vogelarten. Außerdem gedeiht hier eine Vielzahl seltener Pflanzen. Das Gebirge von Famara ist zudem die einzige Region Lanzarotes, die über natürliche Wasservorkommen verfügt.

Nördlich vorgelagert liegen einige kleine Inseln, allen voran die wüstenhaft anmutende Insel La Graciosa (»Die Anmutige«), die nur durch die Meerenge El Río von Lanzarote getrennt ist. Die Aussichtspunkte Mirador de Guinate und Mirador del Río – 1973 von César Manrique gestaltet – bieten einmalige Panoramablicke auf die weltferne Insel, wo es nur eine Ortschaft, dafür mehrere schöne Badestrände gibt. Im Windschatten des Risco de Famara liegt das »Tal der tausend Palmen« mit der reizvollen historischen Ortschaft Haría. Hier im relativ niederschlagsreichen und windgeschützten Tal konnte sich die »Phoenix Canariensis« (Kanarische Palme) in hunderten von Exemplaren fortpflanzen. Doch auch der Norden Lanzarotes hat seinen Vulkan. Der majestätische Monte Corona brach vor etwa 3000 Jahren aus, seine Lava ergoss sich zur Ostküste und bildete dort den großen Malpaís de la Corona mit ausgedehnten unterirdischen Höhlensystemen.

← Das hübsche Örtchen Haría ist Mittelpunkt des »Tals der tausend Palmen« im grünen Norden Lanzarotes.

Die reizvolle Straße von Teguise nach Haría erklimmt nach Los Valles in Haarnadelkurven eine Hochfläche. Rechter Hand erblickt man den Windpark Parque Eólico de Lanzarote. Bis zu 48 mächtige Rotoren drehen sich hier im Wind. Kurz danach lohnt linker Hand ein Abstecher zur kleinen Ermita de las Nieves (Schneekapelle) auf einem windumtosten Kap hoch über der Bucht von Famara. Die im Kirchlein verehrte »Jungfrau vom Schnee« ist auf den Kanaren die Schutzheilige der ersehnten Niederschläge.

Zurück auf der Straße nach Haría, geht es bald in abenteuerlich in den Fels gesprengten Serpentinen – unbedingt vorsichtig fahren – hinunter ins »Tal der tausend Palmen«. Unterwegs hat man immer wieder spektakuläre Blicke auf die unterhalb liegende Ostküste, zu der sich lange »Barrancos« (Täler) mit Terrassenanbau hinunterziehen.

Haría ist eine ruhige, von Palmen umgebene Oase mit dem Charme der Abgeschiedenheit und üppiger Vegetation. Aus dem 19. Jahrhundert stammen die klassizistischen Bauten im Zentrum. Im städtischen Kunsthandwerkshaus (»Taller y Tienda Municipal de Artesanía«) neben der kleinen Markthalle kann man Frauen bei der Rosettenstickerei zusehen, außerdem mit etwas Glück den einzigen Korbflechter Lanzarotes erleben, der hier aus Palmwedelstielen robuste Körbe fertigt. Da César Manrique seinen Alterssitz hier gewählt hatte, kann sein Grab auf dem Ortsfriedhof besucht werden. Am Samstag findet auf der zentralen Plaza León y Castillo ein kleiner Markt statt. Von Haría nimmt man entweder die schöne Strecke am Monte Corona vorbei zum Mirador del Río oder fährt durch einen kurvigen Barranco hinunter zur nördlichen Ostküste, wo bedeutende Sehenswürdigkeiten warten.

Milliarden von Cochenille-Läusen sitzen auf den Feigenkakteen im Inselnorden und produzieren einen karminroten Farbstoff.

Im Zentrum von Haría sind noch einige andalusisch geprägte Stadthäuser erhalten.

Der Bergzug Risco de Famara fällt steil zum Meer hin ab, im Hintergrund liegt die Sandinsel La Graciosa. ➜

Costa Teguise und die nördliche Ostküste

An der flachen Nordostküste liegen einige herausragende Sehenswürdigkeiten von Lanzarote: der Kaktusgarten Jardín de Cactus, der eingebrochene Lavatunnel Jameos del Agua und das Höhlenlabyrinth Cueva de los Verdes. Entstanden sind die Lavaphänomene durch die Ausbrüche des Monte Corona, dessen Auswürfe das Lavameer Malpaís de la Corona bildeten. Doch gibt es im Nordosten auch ein Urlaubszentrum: Costa Teguise erstreckt sich wenige Kilometer nördlich von Arrecife an der einst unbesiedelten Lavaküste und sollte ursprünglich ein Ressort für gehobene Ansprüche werden. César Manrique war bei der Planung beteiligt und konzipierte das in seiner Architektur richtungweisende Hotel »Gran Meliá Salinas«, weitere aufwändige Bauten der besseren Kategorie folgten. Doch auch hier begann Ende der 1970er Jahre das große Bauen. Wegen der optimalen Windverhältnisse gilt Costa Teguise als bester Surfspot der Kanarischen Inseln.

Nördlich von Costa Teguise ist die Küste menschenleer, die Straße verläuft weit landeinwärts. Um Guatiza und Mala gelangt man in die Region der Feigenkakteen (Opuntien) – über Kilometer hinweg erstrecken sich die grünen Kakteenfelder, wo im 19. Jahrhundert der wichtigste Exportschlager Lanzarotes heranreifte: die Cochenille-Läuse. Deren Larven, die sich bevorzugt von Kakteensäften ernähren, produzieren einen weltweit begehrten karminroten Naturfarbstoff, der früher für das Färben von Textilien, Teppichen, Lippenstiften, Getränken (z.B. Campari) und Süßwaren gebraucht wurde.

← *Der eingestürzte Lavatunnel Jameos del Agua wurde von César Manrique zu einem Natur-Kunstwerk umgestaltet.*

←← *Am Kamm der Famara-Berge gibt es mehrere eindrucksvolle Aussichtspunkte.*

Mit der Entdeckung der synthetischen Anilinfarben endete der große Boom, doch bis heute wird die Karminsäure bei der Herstellung von Naturkosmetik verarbeitet. Im reizvollen Gegensatz zur Monokultur der Opuntien hat César Manrique im Kaktusgarten Jardín de Cactus am Ortsende von Guatiza über 1400 verschiedene Kakteenarten anpflanzen lassen.

Arrieta, der nächste Küstenort, ist für seine Fischrestaurants bekannt. Man sitzt auf der Mole oder in kleinen Terrassenlokalen, die direkt auf die schwarzen Klippenküste gebaut sind, und stärkt sich für das »Natur-Kunstwerk« Jameos del Agua und den Gang durch die Cueva de los Verdes. Jameos del Agua, ein eingestürzter Lavatunnel, war lange Zeit als wilde Müllkippe zweckentfremdet worden – bis César Manrique ihn entdeckte und zu einem Kunst-Natur-Objekt umgestaltete: ein stiller Salzsee, in dem weiße Albinokrebse leben, die üblicherweise nur in der Tiefsee existieren, ein subtropisch bepflanzter Außenbereich mit Swimmingpool, ein unterirdischer Konzertsaal mit einzigartiger Akustik ohne jeglichen Nachhall und ein Ausstellungsbau mit einer Messstation für vulkanische Aktivitäten. Nur ein Kilometer landeinwärts liegt der Eingang zur Cueva de los Verdes, Teil des bislang längsten bekannten Lavatunnels der Welt. Man steigt 50 Meter tief hinunter in den Lavastrom.

Nicht mehr weit ist es nun bis zur Nordspitze Lanzarotes. Durch das Malpaís führt die Straße an einigen prächtigen weißen Dünenstränden entlang und endet im Fischerdorf Orzola, wo man wiederum hervorragend Fisch essen kann. Mehrmals täglich setzen Passagierschiffe auf die hinter einer imposanten Landspitze nicht sichtbare Insel La Graciosa über. Das nördliche Ende der kanarischen Welt war für die europäischen Entdecker stets der erste Berührungspunkt mit den »Inseln der Glückseligen«.

Im Jardin de Cactus ließ César Manrique mehr als 1400 Kakteenarten anpflanzen, die alle aus Amerika eingeführt wurden.

Die Kakteen im Jardin de Cactus bestechen durch ihre Vielfalt.

Fast jeder Kaktus hat eine andere Oberflächenbeschaffenheit.

Die Ästhetik der Symmetrie macht einen Großteil der Faszination der Stachelpflanzen aus.

Gesamtansicht des Jardin de Cactus, des letzten Werkes von César Manrique

← *Der Lavatunnel Cueva de los Verdes besteht aus mehreren übereinander liegenden Galerien.*

An der Mole der Playa de las Cucharas in Costa Teguise treffen sich die Hobbyangler.

Die Romantik des Ökonomischen: Mit Windrädern wurde früher Meerwasser zur Salzgewinnung in Verdunstungsbecken gepumpt.

Die Texte verfasste Eberhard Fohrer, Erlangen.
Karte: Sebastian Schrank, München
Seitenlayout und Satz: VerlagsService
Dr. Helmut Neuberger & Karl Schaumann GmbH, Heimstetten
Lithografie: Repro Ludwig, Zell am See
Druck und Bindung: Druckerei Ernst Uhl, Radolfzell
Printed in Germany

ISBN 3-475-53599-8

Der Verlag dankt Elke Janke Reisen, Spezialist für Ferienhäuser auf Lanzarote und La Palma, für die freundliche Unterstützung.
www.janke-reisen.de

Elke Janke Reisen GmbH